Felisa Tomé Ortega

El secreto del castillo

Ernst Klett Verlag
Stuttgart · Leipzig

1. Auflage 1 5 4 3 2 1 | 2019 18 17 16 15

Alle Drucke dieser Auflage sind unverändert und können im Unterricht nebeneinander verwendet werden. Die letzte Zahl bezeichnet das Jahr des Druckes.

Autorin: Felisa Tomé Ortega

Redaktion: Julia Martín Vigo

Satz: Fotosatz Kaufmann, Stuttgart
Illustrationen: Jani Lunablau, Barcelona
Druck: AZ Druck und Datentechnik GmbH, Kempten/Allgäu

Printed in Germany.
ISBN 978-3-12-536001-3

9 783125 360013

Índice

1 De viaje

Hamburgo, 1 de marzo

Hoy me he levantado a las cuatro de la mañana para ir al aeropuerto. A mí no me gusta nada levantarme temprano, pero el avión sale a las seis. Voy a casa de mis tíos en España. Nunca he estado allí, pero seguramente no me va a gustar. No conozco a mis tíos, pero dice mi padre que viven en un pueblo pequeño en las montañas. ¡Qué horror! Yo soy un chico de ciudad, a mí me gusta ver coches y tiendas, y hacer rap con mis amigos, y no quiero ir a un lugar aburrido lleno de vacas y paletos.
Mi padre se ha levantado para llevarme en el coche, y a él tampoco le gusta levantarse temprano. Además, está muy enfadado conmigo. Y todo porque he tenido malas notas en tres o cuatro asignaturas. Bueno, o cinco o seis, no estoy seguro. Yo creo que no es tan terrible, ¿no? Cualquiera puede tener un mal momento. Pues ahora estoy castigado: voy a pasar todas las vacaciones de primavera en casa de mi familia española, para estudiar.
Como mi padre está enfadado, esta mañana casi no ha hablado conmigo. Nada de “Buenos días, Daniel”. Solo me ha dicho, muy serio: “Coge tu maleta y déjala en el coche”.
Voy a mi habitación y, primero, cojo mi ordenador y lo llevo al coche. Luego cojo mi maleta, que está llena de libros del colegio gordos y aburridos. Entonces escucho a mi padre que está muy enfadado. Está buscando mis billetes de avión.
—¿Dónde pueden estar? Estoy seguro de que los he puesto aquí, encima de la mesa…

7 **conocer** kennen – 10 **lleno, -a** voll – 11 **el paleto** das Landei – 16 **cualquiera** jeder – 22 **coger (cojo, coges, coge…)** nehmen – 25 **gordo, -a** dick – 26 **el billete** das Ticket

Me mira fijamente y yo lo miro con interés desde la puerta de mi habitación. Su cara cambia, ¿qué estará pensando? Está más y más enfadado. Entonces va al salón. Va al ordenador e imprime otra vez los billetes. Me mira con una sonrisa malvada, pero no me dice nada.
Desayunamos en silencio. Cogemos la autopista. No dice nada en todo el camino, que nos lleva casi una hora porque hay mucho tráfico. Llegamos al aeropuerto y nos ponemos en una cola muy larga. Hay mucha gente y por eso tardamos unos quince minutos en llegar al mostrador. Silencio total. Hay una señora seria y antipática. Mi padre le da los billetes y mi pasaporte. De pronto me mira con horror y, ahora sí, me habla:
¿Dónde está tu maleta? —me pregunta.
Y, ¿sabéis una cosa? Creo que a mi padre no le ha gustado nada, pero nada, nada, nada, saber dónde está mi maleta. ¡Ahora sí que está enfadado!

1 **fijamente** fest, scharf – 2 **la cara** das Gesicht – 3 **el salón** das Wohnzimmer – 4 **imprimir** drucken – 4 **la sonrisa malvada** das spöttische Lächeln – 9 **la cola** die Schlange (beim Anstehen) – 10 **el mostrador** der Schalter

2 Una nueva amiga

Aeropuerto de Barcelona, 1 de marzo

Bueno, ya he llegado a Barcelona. Aquí tengo que esperar tres horas para tomar el avión que va a Santiago de Compostela. Estoy cansado, triste y aburrido. No sé qué hacer. Ahora miro a la chica que está sentada a mi lado. No es una chica muy educada, porque me está mirando fijamente. Ahora mira mi libro. Después me mira otra vez a mí. Entonces me dice:

—Du sprechen ***Doich***?

No entiendo nada. Ella se ríe y repite:

—Du sprechen ***Doich***?

—Perdón, ¿cómo dice? —le pregunto, muy educado.

—¡Ah! ¿No eres alemán?

—Pues sí, pero hablo español.

—Sí, sí. Y lo hablas muy bien.

—Sí, mis abuelos son españoles, pero emigraron a Alemania para trabajar en los años 70.

—Ah, claro. Yo he empezado a estudiar alemán hace unos meses. Voy a practicar un poco contigo. ***Name du?***

Otra vez no entiendo nada. Por suerte, tengo mucha imaginación.

—***Daniel Abeal, und du?***

—Clara, Clara Valente. ***Ich bin Churnalist.***

—Perdón, ¿cómo dices?

—¡Que soy periodista! Creo que tengo que aprender más alemán —Clara se ríe.

—¡Ah! Es un trabajo muy interesante. ¿Y escribes para alguna revista?

---

5 **cansado, -a** müde – 5 **triste** traurig – 7 **educado, -a** wohlerzogen – 10 **reírse** lachen

—No, tengo un programa en la radio. También escribo, pero no en una revista. Escribo libros.
—¿De verdad? Yo también soy escritor —le cuento.
—¡Qué bien! ¡Un colega! —se ríe—. ¿Y qué escribes?
—Un poco de todo, pero en este momento escribo en mi blog y también canciones de rap.
—También es interesante. ¿A qué hora sale tu avión, Daniel?
—A las tres.
—Pues te invito a tomar algo en la cafetería, tenemos tiempo. ***Come on, boy!***
—Perdona, Clara, no quiero ser maleducado, pero no entiendo tu alemán.
—No, pero ahora no he hablado en alemán. Es inglés. ¿No entiendes el inglés? —me pregunta, sorprendida.
Claro que entiendo el inglés, pero mejor no digo nada.
Clara es simpática, le gusta hablar y me cuenta muchas cosas de su trabajo. Yo le cuento que voy a pasar mis vacaciones a Galicia.
—¡Ah! Galicia —me dice—. El fin del mundo.
Esas palabras me preocupan.
—¿Cómo, el fin del mundo? No está tan lejos, ¿no?
—Es que durante mucho tiempo la gente ha pensado que Galicia estaba en el fin del mundo. Hay un lugar que se llama Finisterre, que significa “El fin de la tierra”.
Estoy más y más preocupado.
—¿Y ese Finisterre está cerca de Verín? —pregunto.
Clara me mira con la boca abierta.
—¿Verín? No tengo ni idea de dónde está Verín. Eso sí que tiene que ser el fin del mundo.
Creo que voy a llorar.

11 **maleducado, -a** unhöflich – 19 **el fin** das Ende – 20 **preocuparle a alguien** jdn. beunruhigen – 23 **estaba** sich befand – 27 **con la boca abierta** mit offenem Mund – 30 **llorar** weinen

—¿Y por qué vas a Verín?

—Porque allí vive la familia de mi padre.

—¡Ah, bueno! Si tienes allí alguien de tu edad, seguro que te diviertes.

—Sí, hay un primo de mi edad.

Es verdad, mi primo se llama Miguel y todavía no lo conozco. Es el primero de su clase, así que, además de un paleto, seguro que es un empollón que está estudiando las 24 horas del día. En resumen, que voy de vacaciones al fin del mundo para aburrirme con un primo antipático.

Clara y yo estamos un momento en silencio. Entonces, Clara mira a tres personas y me dice:

—Daniel, tú que vas a ser periodista, ahí tienes a una persona famosa.

—¿Quién? ¿La chica? Es muy guapa, seguro que es actriz o modelo.

—No, el hombre que está con ella.

—¿El gordo?

—Sí, el gordo. Se llama don Monedero y es una de las personas más ricas de España. Dicen que tiene muchos negocios sucios. Yo he querido hablar con él para mi programa, pero nunca he podido.

—¿De verdad? ¿Y el que está a su lado?

—Ese es Martínez, el secretario de don Monedero. Es su mano derecha.

Don Monedero, Martínez y la chica guapa pasan por delante de nosotros. Van a la zona VIP del aeropuerto y, claro, ni nos miran.

3 **la edad** das Alter – 9 **en resumen** kurz und gut – 10 **aburrirse** sich langweilen – 10 **antipático, -a** unsympathisch – 17 **el hombre** der Mann – 20 **el negocio sucio** das krumme Geschäft

Departures
SALIDAS

3 Domingo Corredoiro

Verín, 1 de marzo

Mi tío ha venido a recogerme al aeropuerto de Santiago para llevarme a Verín en coche. Me dice que ya ha hablado con mis padres por teléfono y que van a mandar mi maleta. Una mala noticia.
—Has llegado un día muy especial —me dice mientras vamos en coche a casa—, hoy es Domingo Corredoiro.
—Ah, ¿sí? —digo, pero la verdad, no me interesa nada. Una fiesta de pueblo, ¡qué aburrimiento!, pienso.
—Es parte de las fiestas del carnaval. El carnaval de Verín es muy famoso.
—¿Sí? —Sigo interesadísimo en el tema.
¿Muy famoso? Pues no es el carnaval de Río de Janeiro, ni el de Venecia, ni el de Colonia. ¡Ya me gustaría a mí pasar mis vacaciones en Brasil! O en mi casa, sin carnaval.
—Tu primo no ha venido conmigo porque ha salido de cigarrón. ¿Sabes que es eso?
—¿Un cigarro? Sí, claro, para fumar.
—No, no. Un cigarrón —se ríe—. Es una figura tradicional del carnaval de Verín. Lleva una máscara especial. Cada familia tiene su máscara.

Eso del cigarrón no me interesa, la verdad. Miro el paisaje por la ventana: es muy verde. Está nublado y no veo el famoso sol de España en ninguna parte. Y es verdad que Verín está en el fin del mundo, porque tardamos tres horas en llegar.
Por fin llegamos a Verín. El pueblo me ha sorprendido mucho. No es muy grande, pero hay muchísima gente en la calle. Todo el mundo está disfrazado. Hay tanta gente que no podemos

---

3 **recoger** abholen – 13 **seguir (-i-)** weiterhin … sein – 15 **me gustaría** mir würde es gefallen, ich würde gern – 19 **fumar** rauchen – 23 **el paisaje** die Landschaft – 29 **disfrazado, -a** verkleidet

pasar con el coche. Vamos a pie al centro del pueblo. En la plaza hay una orquesta que toca y todo el mundo se está divirtiendo. Lo voy a decir cuando llegan un supermán y unos zombis, y me tiran una cosa blanca encima.

—Pero, ¿qué es esto? —pregunto, mientras me quito la cosa blanca de la boca.

—Harina —dice mi tío, riendo. Él también está lleno de harina.

—Tiran harina a todas las personas que no están disfrazadas.

En ese momento llegan seis personas con el disfraz más raro del mundo. La gente empieza a gritar y a reír, y empiezan a correr.

—¡Son cigarrones!

Los cigarrones corren y llevan una cosa en la mano. Creo que es un látigo pequeño. Yo los miro y cuando llegan a mi lado, uno me golpea en el culo. Yo estoy enfadado y, claro, voy a golpearlo también, pero mi tío me coge la mano.

—No se puede tocar a un cigarrón.

—Pero… ¡Me ha golpeado!

—Los cigarrones pueden pegarte si quieren, son los reyes del carnaval. Tú solo puedes correr para escapar. Por eso hoy se llama Domingo Corredoiro, de “correr”, y es el primer día en el que todos los cigarrones salen a la calle.

---

4 **tirar algo encima a alguien** jdn. mit etwas bewerfen – 6 **la boca** der Mund – 7 **la harina** das Mehl – 9 **el disfraz** die Verkleidung – 11 **correr** laufen, rennen – 14 **el látigo** die Peitsche – 15 **golpear** schlagen – 15 **el culo** der Hintern – 19 **el rey** der König

4 La cena

Después de dar un paseo y de ver la fiesta, vamos a casa de mis tíos, a las afueras. Como hoy es una fiesta importante, y, además, hoy he llegado yo, una persona importante, hay una cena especial. Me presentan a un montón de tíos, tías, primos, primas, hermanos de abuelos, abuelos de primos. Estoy un poco perdido. Las mujeres me besan, los hombres me dan fuertes golpes en la espalda. Las mujeres me dicen que estoy muy grande y muy guapo, los hombres me dicen “¡Qué tal, chaval!”. Me duele la cabeza.

Ha llegado un cigarrón, se ha quitado la máscara y me ha dicho:

—¡Hola, Daniel! Soy tu primo Miguel.

Llega la hora de la cena. Al final, somos casi treinta personas y todos somos familia. Me muero de hambre. En la mesa hay pan y bebidas. Mis tías traen una bandeja muy grande y puedo ver que hay patatas, verduras, carne, chorizo… y huele muy bien. Ya estoy pensando en comer todas esas cosas cuando ponen la bandeja en la mesa y ¿qué hay en el medio? ¡Una cabeza de cerdo! ¡Con orejas, boca, nariz! ¡Qué horror! Cojo la patata que está más lejos de la cabeza y la pongo en mi plato.

—¿No te gusta la carne? —me pregunta Miguel—. La cabeza de cerdo es un plato típico del carnaval. De postre hay orejas.

—¿Orejas? ¿Orejas de postre?

¡Otro horror! Pero, ¿qué le pasa a esta gente?

—La verdad es que hoy no tengo mucha hambre.

Muevo mi patata por el plato, pero no la como.

---

3 **las afueras** der Stadtrand – 7 **perdido, -a** verloren, verwirrt – 7 **la mujer** die Frau – 10 **el chaval** der Junge – 10 **doler (-ue-)** weh tun – 15 **morirse de hambre** einen Mordshunger haben – 16 **la bandeja** das Tablett – 17 **el chorizo** die luftgetrocknete Paprikawurst – 20 **la oreja** das Ohr – 20 **la nariz** die Nase – 27 **mover (-ue-)** bewegen

—Pero, Daniel, ¡si no has comido nada! —me dice mi tía, que trae la bandeja del postre—. Toma unas orejas.

—¡No! —casi grito. Luego, más tranquilo, digo: —No, gracias, tía. Es que no tengo nada, pero nada de hambre.

—Bueno. No tienes que comerlas si no quieres.

Mi tía pone una cosa en el plato de Miguel. Está claro que no es una oreja de cerdo, ni de vaca, ni de otro animal.

—¿Son esas las orejas? —le pregunto.

—Sí. Se hacen con huevos, harina y azúcar. Están muy ricas.

¡Sí que parecen ricas, sí! Creo que se llaman orejas por la forma que tienen.

Son las doce de la noche y todavía están todos los invitados en casa. Llevo solo unas horas en Verín y me han tirado harina, me han pegado, me han besado, tengo hambre, no entiendo nada, estoy cansado y… ¡quiero volver a mi casa!

5 Un castillo

Verín, 2 de marzo

Hoy es lunes. Yo me he levantado tarde, pero Miguel ha tenido que ir a clase. Me ha dicho que si quiero, puedo ir con él. Yo me he reído, claro. ¡Estoy de vacaciones! Mi primo tiene unas ideas muy raras.

Después mi tía me ha dicho que mañana tengo que ir a clase con Miguel y que hoy puedo visitar el castillo de Monterrey, que es muy bonito y que ahora lo puede visitar todo el mundo, pero que lo van a cerrar para hacer un hotel.

El castillo está en una pequeña montaña. He necesitado media hora para llegar allí y estoy cansadísimo. Además, tengo mala suerte y no puedo visitar el castillo porque está cerrado por obras. No hay nadie, claro. He dado un paseo alrededor del castillo y luego me he sentado detrás de unas piedras y me he dormido. Me he despertado porque he oído una voz:

—Vale, don Mone. Mañana voy a solucionar nuestro problema. Adiós, don Mone, adiós.

Miro y veo a un hombre pequeño… ¡Pero si es el secretario Martínez! Pero, ¿qué hace aquí, en este pueblo de las montañas, un hombre tan importante? Martínez está hablando por su móvil. Después, habla con un hombre que está a su lado.

—Mañana sacamos ese muerto de aquí. Vengo sobre las 12, prepara todo para esa hora.

¡Un muerto! De repente tengo mucho miedo y corro al pueblo lo más rápido que puedo.

Estoy muy nervioso. ¿Qué puedo hacer? ¿Hablar con mis tíos? ¿Con Miguel? Al final llamo a Clara, seguro que ella puede ayudarme, es una mujer de mundo.

---

10 **cerrar (-ie-)** schließen – 14 **por obras** wegen Bauarbeiten – 14 **alrededor de** um … herum – 15 **la piedra** der Stein, der Fels – 16 **despertarse (-ie-)** aufwachen – 23 **el muerto** der Tote – 25 **el miedo** die Angst – 29 **una mujer de mundo** weltgewandt

—¡Hola, Daniel! —me dice—. ¡Qué sorpresa! ¿Qué tal lo estás pasando?
—¡Horriblc! Lo estoy pasando horrible, pero ahora te quiero hablar de una cosa.
Entoces le cuento todo. Clara parece interesada, pero no preocupada.
—¡Qué raro! No sé qué puede hacer Martínez ahí. A ver, ¿puedes ir tú mañana al castillo a las 12 y ver qué pasa?
—¿Estás loca? ¡Hay un muerto!
—¡Qué dices, hombre! Es solo una expresión. En español, un muerto es un problema muy grande.
—¿Estás segura?
—Bueno, casi segura. Pero tú eres un chico valiente y, además, un futuro periodista. Vas a ir, ¿verdad? Me interesa mucho todo esto.
—Pues no sé. Tengo un poco de miedo, la verdad.
—Nada, nada. Desde ahora eres mis ojos y mis oídos. Te llamo mañana. ***Aufiedersen***, colega.
—***Aufwiedersehen***, Clara.

---

17 **el ojo** das Auge – 17 **el oído** das Gehör

6 Un secreto

Verín, 3 de marzo

Le he tenido que contar todo a Miguel para no tener que ir hoy con él a clases.
—¿Un muerto en el castillo? ¿El secretario de don Monedero aquí? ¡No puede ser!
—Sí, Miguel. Lo he oído y lo he visto.
—Entonces, tú no puedes ir solo al castillo, ¡es muy peligroso! Yo voy contigo. ¿Qué puedo hacer para no ir a clase?
Parece que, al final, mi primo no es tan aburrido.
—No pasa nada. Voy yo solo. Si me pasa algo, tú ya sabes quién ha sido.
—Está bien, pero me tienes que llamar si tienes problemas. Yo voy a mirar el móvil cada cinco minutos.
Salimos juntos de casa por la mañana y decimos a mi tía que vamos a clase. Después, yo voy solo al castillo. Miguel me ha dado su cámara de fotos.
Cuando llego, me escondo detrás de las piedras. A las 11:30 llega un camión y salto el muro. Me caigo y ahora tengo una herida en la rodilla, pero entro. Escucho un coche: es el secretario Martínez. Miro a la izquierda, miro a la derecha y no hay ningún lugar para esconderme. Subo a un árbol muy grande. Tres hombres salen del castillo. Traen una piedra enorme. Yo estoy nervioso y tengo miedo, pero hago fotos. Entonces la cámara se cae y hace un pequeño ruido: ¡plof! Estoy horrorizado. Por suerte, no se ha oído el "¡plof!".
—¿Qué hacemos con esto, Martínez? —grita el hombre, que parece un gorila.

3 **contar (-ue-)** erzählen – 8 **peligroso,-a** gefährlich – 18 **esconderse** sich verstecken – 19 **saltar algo** über etwas springen – 19 **el muro** die Mauer – 19 **caerse (me caigo, te caes…)** fallen – 20 **la herida** die Verletzung – 20 **la rodilla** das Knie – 25 **el ruido** der Lärm, das Geräusch

—Don Mone ha dicho que tenemos que llevarlo al mar y tirarlo allí, pero yo he pensado otra cosa —contesta el secretario—. Y te he dicho mil veces que me tienes que llamar señor Martínez, tonto.
—Perdón. ¿Y qué ha pensado?
—¿Por qué tirarlo, si lo podemos vender a un coleccionista? Así tú y yo ganamos un dinerito.
El gorila se queda pensando, intenta entender. Yo me acuerdo de que tengo mi móvil. Lo saco, hago tres fotos, pero tengo mucho miedo, así que el teléfono se cae al suelo y hace un pequeño ruido: ¡plof! Martínez mira a todos lados. Por suerte, no mira al suelo y no ve el móvil y tampoco la cámara.
Después de pensar cinco minutos, el gorila ha entendido.
—Buena idea, Martínez.
—¡Señor Martínez, tonto! De momento, lo ponemos en el camión y tú dejas el camión al lado de mi hotel. El sábado vas a Madrid, mientras yo cojo el avión —dice el secretario.
—¿Va a quedarse hasta el sábado?
—Sí, tonto. Tengo que hablar con el alcalde y unos políticos de Santiago. Dame los papeles.
—Aquí los tiene, señor Martínez Tonto.
Martínez lo mira. Coge los papeles, los pone en una carpeta negra, entra en su coche y se va. Creo que está enfadado.
Yo me empiezo a reír. Me río tanto que me caigo del árbol. ¡PLOF! Cojo la cámara, mi móvil y empiezo a correr.

2 **tirar** werfen – 6 **vender** verkaufen – 8 **acordarse (-ue-)** sich erinnern – 19 **el alcalde** der Bürgermeister

7 Castigados

Verín, 4 de marzo

Miguel, que siempre ha sido muy bueno, está castigado por mirar su móvil en clase; yo estoy castigado por no estar en clase con él. Y los dos estamos castigados por no decir la verdad a mi tía y por romper la cámara de fotos de Miguel. Así que hoy he tenido que ir con Miguel ¡a clase! ¡De Español, Mates, Gallego…! ¡Horrible! Y, por la tarde, no hemos podido salir de casa. Miguel está muy triste, dice que es la primera vez que no sale un día de carnaval.

—Y lo peor, Dani —me dice mi primo—, es que no vamos a salir la noche del Jueves de Comadres. Eso es lo más horrible.

—¿Qué es eso de «Jueves de Comadres»?

—¡Es la mejor fiesta del mundo!

—Bueno, bueno. No creo…

—Que sí, la mejor del mundo, de verdad. Pero no quiero hablar de eso. ¿Te ha llamado ya tu amiga, la periodista?

—¡Ah! Sí. Ha estado investigando sobre don Monedero y el castillo. Cree que algunos políticos están restaurando el castillo con dinero público para hacer un hotel y después lo van a vender muy barato a don Monedero. Él les da dinero en secreto. Así él va a ganar dinero y los políticos también. Solo pierden las personas del pueblo, que ahora pagan para restaurar el castillo y luego no lo van a poder visitar.

—Pues todo eso también te lo puedo contar yo, y no tengo una amiga periodista.

—Pero, ¿qué dices?

—Pues que muchas personas del pueblo no quieren ese hotel en el castillo y piensan lo mismo que tu amiga la periodista. Esas personas han mandado cartas al Gobierno y a los perió-

8 **el gallego** die galizische Sprache – 11 **lo peor** das schlimmste – 21 **barato, -a** billig – 23 **perder (-ie-)** verlieren

dicos, y han organizado manifestaciones, pero no han conseguido nada porque no hay pruebas. Ya has visto que hay obras en el castillo. Es para construir el hotel.
—No hay pruebas, claro.
Entonces, pienso en la carpeta negra de Martínez y en sus papeles.
—No. Y… ¿cómo es esa piedra que has visto hoy? Es raro.
—Pues es como esas cajas para meter un muerto dentro.
—¿Como un sepulcro?
—Sí, exacto. Pero muy antiguo…
En ese momento, mi tío llama a la puerta de la habitación.
—Tu tía y yo hemos hablado: Miguel y tú podéis salir. Tienes que ver el Jueves de Comadres, nuestra fiesta más especial, porque nunca vas a volver de vacaciones a Verín.
—Sí que voy a volver. Este pueblo es genial y Miguel y yo ahora somos muy buenos amigos.
—Por eso, Daniel, por eso.
No entiendo nada, ¿y vosotros?

1 **la manifestación** die Demonstration – 1 **conseguir (-i-)** erreichen, schaffen – 2 **la prueba** der Beweis – 9 **el sepulcro** *hier:* der Sarkophag

8 Jueves de Comadres

Verín, 5 de marzo

Hoy es Jueves de Comadres. ¡Genial! Cuando voy a desayunar, veo a Miguel. Lleva unos pantalones de rayas, una peluca enorme y unas gafas de color rosa. Yo me río y pregunto:
—¿A dónde vas, Miguel?
—Voy a clase —dice, serio y orgulloso.
—¿Y vas a ir así?
—Claro. Y tengo una cosa para ti.
Miguel me da un disfraz de pollo, amarillo y con pico, y me lo pongo. En clase hay muchos alumnos disfrazados y algunos profesores también. Es raro escuchar las explicaciones de los profes con un disfraz de pollo.
La verdad es que me he divertido mucho. Por la tarde, Miguel me da una bolsa. Me mira y se ríe. Me dice que es mi ropa para salir por la noche. Yo miro en la bolsa: una peluca rubia, un vestido negro y unos zapatos de tacón.
—¿Estás loco? ¿Crees que yo voy a ponerme esto?
—Si no te lo pones, no puedes salir. Hoy es la noche de las mujeres, salen todas las mujeres de Verín y todos los hombres también, pero tienen que ir vestidos de mujer.
—¿Quééé? ¿Y tú? ¿Vas tú también disfrazado de mujer?
—No. Yo voy de cigarrón. Venga, ponte eso, ¡es carnaval!
Seguro que Miguel quiere reírse de mí. Pero entonces veo a mi tío con una falda rosa y una blusa lila. ¡Increíble!
Al final me he puesto el disfraz de mujer. Me miro en el espejo, Miguel y yo nos reímos mucho. Salimos después de cenar.

4 **de rayas** gestreift – 5 **la peluca** die Perücke – 11 **el pico** der Schnabel – 16 **rubio, -a** blond – 17 **zapatos de tacón** Schuhe mit hohen Absätzen – 18 **loco, -a** verrückt – 26 **el espejo** der Spiegel

Todos los bares del pueblo están llenos de gente que baila, canta y bebe. Entramos en uno y, después de pisar muchos pies, conseguimos hablar con el camarero y pedir un refresco. De repente, escucho detrás de mí una voz que ya conozco bien: es el secretario Martínez. Está hablando con unas mujeres. Una de las mujeres tiene cara de estar muy enfadada. La otra mujer es ¡mi tía! Martínez le sonríe mucho y sus ojos están un poco raros. Creo que ha estado bebiendo. Está diciendo a mi tía que tiene un coche muy bueno. Le enseña las llaves y luego las pone en el bolsillo del pantalón. Martínez empieza a bailar, bastante mal, la verdad. Se cae un poco hacia la derecha, luego hacia la izquierda. Luego veo como las llaves se caen al suelo. Yo me acuerdo de la carpeta negra. Aquellos papeles...

—Miguel, esta es nuestra oportunidad.

—¿Qué? ¡Mira! Si están ahí mis padres… —me dice.

—Ya, ya los he visto. ¿Y sabes quién está intentando ligar con tu madre? ¡Martínez! ¿Y sabes de quién son esas llaves de coche que están en el suelo?

—¿Qué estás pensando, Dani? Me das miedo…

Pero yo ya tengo las llaves en la mano.

—Venga, primo, ¡es carnaval! Vamos a ver si sigue en el coche la carpeta con los papeles.

—¡Vamos! ¡Sí, es carnaval!

---

1 **bailar** tanzen – 2 **cantar** singen – 2 **pisar** (auf etw.) treten – 3 **el pie** der Fuß – 9 **la llave** der Schlüssel – 10 **el bolsillo** die (Hosen-)Tasche – 17 **ligar** flirten, anmachen – 20 **dar miedo** Angst machen

9 Los papeles de Martínez

Miguel quiere correr hacia el Ayuntamiento, pero yo, con los zapatos de tacón, no puedo correr mucho. Hay mucha gente por todas partes.

Por fin encontramos el coche y ¡sí!, dentro está la carpeta. Miguel la abre, coge los papeles y los pone dentro de su camisa de cigarrón. Estamos muy contentos, pero en ese momento viene… ¡el secretario Martínez! Empieza a gritar. Miguel corre y yo intento correr, pero con mis zapatos de tacón no puedo. Martínez viene detrás, pero, como ha bebido tanto, tampoco corre muy rápido. Me caigo al suelo. Martínez se cae encima de mí. Miguel vuelve para ayudarme y se cae encima de Martínez. Estamos los tres en el suelo y la gente empieza a mirar y a reírse. Martínez consigue coger a Miguel y va a golpearlo, pero entonces pasa algo. La gente, enfadada, agarra al secretario.

—¿Qué haces? ¡No puedes tocar a un cigarrón!

—¡Golpear a unos chicos! ¡Está borracho! Llamad a la policía.

Miguel y yo, con mis zapatos de tacón, nos vamos tan rápidamente como podemos. Es decir, no muy rápidamente.

En casa hacemos unas fotos a los papeles y las mandamos a Clara por el móvil. Algunos papeles tienen muchos nombres, fechas y cantidades de dinero. Clara dice que son muy importantes y por eso está muy contenta.

Otros papeles, más antiguos, están escritos con una letra rara y en español antiguo, así que no entiendo nada. Miguel lee y lee y lee y no dice nada.

—¡Venga, Miguel! ¿Qué dicen esos papeles? ¿Algo sobre la piedra?

5 **encontrar (-ue-)** finden – 7 **contento, -a** zufrieden – 15 **agarrar** packen, festhalten – 18 **borracho, -a** betrunken – 23 **la fecha** das Datum – 25 **la letra** *hier:* die Handschrift

—Sí. Tenemos que ir al siglo X. En esa época los árabes que viven en el sur de España están en guerra con los cristianos del norte y llegan a Galicia. En Santiago, los hombres de la catedral tienen miedo: los árabes pueden llegar a la ciudad y robar el cuerpo del Santo...

—¡Qué rollo! Por favor, Miguel, resume.

—Pues eso, que deciden esconder el cuerpo de Santiago en otro lugar. Lo mandan a una pequeña iglesia en las montañas y lo ponen en un sepulcro de piedra.

—¿Crees que es la piedra del castillo?

—Puede ser, eso dicen los papeles.

—¿Y después qué pasa?

—Creo que el cuerpo no lo encuentran durante siglos, aquí no dice nada más.

—Eso es lo peor de la Historia, que solo cuenta cosas aburridas.

—¡El aburrido eres tú! Yo creo que el sepulcro es nuestra piedra. A lo mejor vale mucho dinero… ¿Por qué no preguntas a Clara?

Clara está muy contenta con esta historia. Nos dice que la empresa que está haciendo el hotel en el castillo es de don Monedero, que está ganando mucho dinero por este trabajo. Si han encontrado una cosa tan importante allí, hay que parar las obras y ya no hay más dinero. Clara también nos dice que tenemos que contarle todo a mis tíos para encontrar el camión con el sepulcro.

En ese momento llegan mis tíos. Mejor les contamos todo mañana, porque ahora están cansados.

2 **la guerra** der Krieg – 5 **robar** stehlen – 5 **el cuerpo** der Körper, der Leichnam – 5 **el santo** der Heilige – 18 **valer** wert sein – 21 **la empresa** die Firma – 23 **parar** unterbrechen

10 Vuelvo a casa

Verín, 11 de marzo

Estos días he estado muy ocupado y no he tenido tiempo de escribir en el blog. En resumen, Clara ha encontrado mucha información en los papeles de Martínez. Parece que algunos políticos importantes han recibido dinero para vender el castillo a don Monedero y que eso no es legal. Así que al final no van a hacer el hotel, y el castillo sigue siendo de la gente del pueblo. Además, van a hacer un museo para poner el sepulcro de Santiago, que, sí, es el que está en mis fotos. La policía lo ha encontrado en un camión, gracias a Miguel y a mí. Mis tíos están muy contentos conmigo y dicen que tengo que estudiar mucho para volver de vacaciones en verano.
Hoy, por fin, ha llegado la maleta con mis libros. Es una pena porque mañana vuelvo a Alemania y ya no voy a tener tiempo para estudiar. Sobre todo porque hoy es el último día del carnaval y todos tenemos que ir de negro y llorar y hacer no sé qué con una sardina. Cosas del carnaval.

Aeropuerto de Barcelona, 12 de marzo

Bueno, aquí estoy, esperando el avión a Hamburgo. Estas han sido mis vacaciones en España y no han estado mal, la verdad. Me gustaría volver. Pero no sé, porque me parece que mis padres no van a estar muy contentos. Es que, ¿sabéis? Creo que he olvidado mi maleta con los libros en casa de mis tíos. Allí, donde acaba el mundo.

---

3 **ocupado, -a** beschäftigt – 8 **seguir siendo** weiter sein, bleiben – 14 **es una pena** es ist schade

1 De viaje

Marca si las siguientes frases sobre el capítulo son correctas (V) o no (F).

	V	F
a) Daniel va a casa de sus tíos a España.		
b) El chico tiene muchas ganas de ir al pueblo.		
c) Daniel ha tenido muy buenas notas.		
d) El padre no sabe dónde están los billetes.		
e) El padre está muy contento.		
f) Daniel ha olvidado la maleta en casa.		

2 Una nueva amiga

1. Escribe qué personaje es.

a) Está aprendiendo alemán:
b) Sus abuelos son españoles:
c) Es un empollón:
d) Es muy rico:

2. Ordena cronológicamente lo que pasó en este capítulo.

- [ ] Clara explica a Daniel el significado de Finisterre.
- [ ] Clara le explica quién es don Monedero.
- [ ] Daniel explica cómo es su primo Miguel.
- [ ] Daniel habla de sus vacaciones.
- [ ] Daniel conoce a una periodista.
- [ ] Daniel y Clara van a la cafetería.
- [ ] Daniel habla de su familia con la periodista.

3 Domingo Corredoiro

1. Contesta las preguntas.

a) ¿Qué es el Domingo Corredoiro?
b) ¿Qué hacen las personas disfrazadas a las personas que no están disfrazadas?
c) ¿Qué es un cigarrón?
d) ¿Qué hacen los cigarrones?
e) ¿Qué no está permitido hacerle a un cigarrón?

2. La máscara de un cigarrón lleva animales dibujados. Diseña una máscara para ti.

4 La cena

Busca en el texto el nombre de…

a) cuatro alimentos:
b) dos animales:
c) dos partes del cuerpo:
d) un plato típico de carnaval en Verín:

5 Un castillo

Daniel habla con Clara y le cuenta todo. Imagina la conversación.

6 Un secreto

Completa las frases.

a) Daniel sube solo…
b) Daniel observa la situación desde…
c) Don Monedero quiere tirar la piedra…
d) El señor Martínez prefiere…
e) Al final deciden meter la piedra en…
f) Martínez mete… en la carpeta y se va…

7 Castigados

Escribe quién hace estas acciones.

contruir un hotel	vender barato	ganar dinero
perder dinero	mandar cartas al Gobierno	restaurar el castillo
mandar cartas a los medios de comunicación		hacer manifestaciones

los políticos	la gente del pueblo

8 Jueves de Comadres

1. Contesta las preguntas.

a) ¿Qué es el Jueves de Comadres?
b) ¿Qué lleva Miguel por la mañana y por la noche?
c) ¿Cómo va vestido Daniel por la mañana y por la noche?

2. Completa el crucigrama con la traducción al español de las siguientes palabras que aparecen en el capítulo 8.

1. die Verkleidung
2. die Stimme
3. der Spiegel
4. der Boden
5. der Schnabel
6. die Perücke
7. flirten
8. der Schlüssel

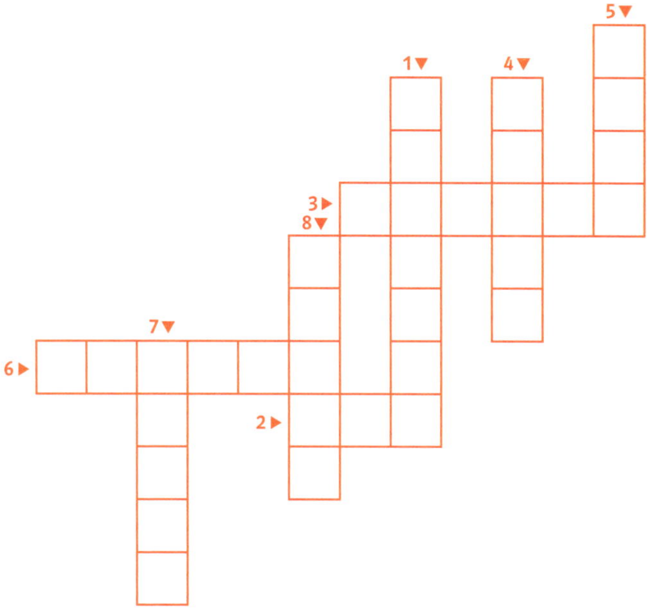

9 Los papeles de Martínez

Forma frases que correspondan al capítulo.

Dani y su primo están muy contentos	porque	lleva zapatos de tacón.
Los primos tienen que correr		está borracho.
Daniel se cae al suelo		han encontrado la carpeta.
El señor Martínez no puede correr		los papeles son muy importantes.
La gente golpea al señor Martínez		están escritos en español antiguo.
Clara está muy contenta		llega el señor Martínez.
Daniel no puede leer algunos papeles		ha tocado a un cigarrón.

10 Vuelta a casa

Cuando llega a su casa, Daniel escribe un mensaje a su primo para contarle el viaje y los problemas con su maleta. Escribe el mensaje.